KIJK!

# 0-4 jaar

## Volgboekje

**Observeren, registreren en stimuleren van de ontwikkeling bij jonge kinderen**

KIJK! 0-4 jaar is onderdeel van KIJK! 0-7 jaar

Ab van den Bosch, Anneke Duvekot-Bimmel, Liesbeth van Waas



bazalt

## Colofon


| | |
|---|---|
| Auteurs: | Ab van den Bosch, Anneke Duvekot-Bimmel |
| Advies: | Thea de Rooij, Marieke Sas, Jacoline de Visser |
| Redactie: | Bazalt |
| Bureauredactie: | Boekwerk, Maasbommel; Bloom, Geertruidenberg |
| Fotografie kaft: | Wouter Mahu |
| Vormgeving: | Studio groenling, Middelburg |
| Drukwerk: | Meulenberg Media, Middelburg |

ISBN: 978-94-6118-233-3

Bazalt
5e druk 2017, herzien




Enkele ontwikkelingslijnen die betrekking hebben op kinderen in de leeftijd tussen 3;6 en 4;6 jaar zijn een bewerking van het ontwikkelingsvolgmodel voor jonge kinderen dat is ontwikkeld bij de hogeschool van Utrecht, Seminarium voor orthopedagogiek (auteur drs. D. Memelink).

Voor informatie over workshops, trainingen en implementatie-ondersteuning aansluitend bij deze uitgave, kunt u terecht bij een van onderstaande organisaties.


Bazalt
Postbus 21778
3001 AT Rotterdam
T (088) 5570500 (uitgaven)
T (088) 5570570 (training/coaching)
E info@bazalt.nl
www.bazalt.nl

HCO
Postbus 53509
2505 AM Den Haag
T (070) 448 28 28
E info@hco.nl
www.hco.nl

RPCZ
Postbus 351
4380 AJ Vlissingen
T (0118) 480 880
E info@rpcz.nl
www.rpcz.nl

Bazalt maakt deel uit van de Bazalt Groep en werkt daarin samen met partners HCO en RPCZ.

## Volgboekje KIJK! 0-4 jaar

KIJK! 0-4 jaar is een werkwijze waarmee u de ontwikkeling van jonge kinderen van nul tot vier jaar in kaart brengt. Met behulp van KIJK! 0-4 jaar observeert u op systematische wijze verschillende aspecten van de ontwikkeling van kinderen: zit het kind lekker in zijn vel, voelt hij zich uitgedaagd door de activiteiten, zijn er signalen die wijzen op een risico in de ontwikkeling? Aan de hand van een aantal ontwikkelingslijnen maakt u bovendien zichtbaar wat het kind al kan en weet en welke volgende stap in zijn ontwikkeling mogelijk is. U stelt doelen en stemt uw handelen daarop af.

| | KIJK! Baby Dreumes<br>(0-2 jaar) | KIJK! Peuters<br>(2-4 jaar) |
|---|---|---|
| Achtergronden van het kind | • Persoonsgegevens<br>• Bijzondere gebeurtenissen<br>• Specifieke omstandigheden in het gezin<br>• Contact met andere instanties | • Persoonsgegevens<br>• Bijzondere gebeurtenissen<br>• Specifieke omstandigheden in het gezin<br>• Contact met andere instanties |
| Basisgegevens | • Basiskenmerken<br>• Betrokkenheid<br>• Belangrijke signalen die wijzen op risico in de ontwikkeling | • Basiskenmerken<br>• Betrokkenheid<br>• Risicofactoren |
| Ontwikkelings-lijnen* | *Domein Sociaal-emotionele ontwikkeling*<br>• Omgaan met zichzelf<br>• Omgaan met anderen | *Domein Sociaal-emotionele ontwikkeling*<br>• Omgaan met zichzelf<br>• Omgaan met anderen<br>• Zelfredzaamheid<br>• Spelontwikkeling |
| | *Domein Taal*<br>• Spraak- en taalontwikkeling | *Domein Taal*<br>• Spraak- en taalontwikkeling<br>• Ontluikende geletterdheid |
| | *Domein Rekenen*<br>Cognitieve ontwikkeling | *Domein Rekenen*<br>• Cognitieve ontwikkeling<br>• Ontluikende gecijferdheid |
| | *Domein Motoriek*<br>• Grote motoriek<br>• Kleine motoriek | *Domein Motoriek*<br>• Grote motoriek<br>• Kleine motoriek<br>• Tekenontwikkeling |
| Dieper kijken | | • Peuters met een ontwikkelings-voorsprong |

* *De ontwikkelingslijnen hebben een uitloop tot 4;6 jaar (vier jaar en zes maanden).*

## Toelichting bij het invullen

***Acht registratiemomenten***

Dit Volgboekje gaat uit van maximaal acht registratiemomenten. Vier voor baby's en dreumesen (0-2 jaar) en vier voor peuters (2-4 jaar). Dat betekent dat u twee keer per jaar uw gemiddelde indruk kunt registreren. Tussendoor houdt u zelf uw observaties bij.

In dit Volgboekje registreert u gegevens over de basiskenmerken van het kind, de betrokkenheid en eventuele risico's voor de ontwikkeling. Daarnaast noteert u de ontwikkeling van het kind aan de hand van de ontwikkelingslijnen.

***Basiskenmerken***

Bij de registratie van de basiskenmerken heeft u de keuze tussen een globale of gedetailleerde aanpak. Hoe u hierbij te werk gaat, staat beschreven in hoofdstuk 3 van de Handleiding (vanaf pagina 34). De *globale aanpak* is voor alle kinderen hetzelfde. U maakt daarbij gebruik van onderstaande vierpuntsschaal.

De betekenis van de schalen is als volgt:

| Schalen van de basiskenmerken | | | |
|---|---|---|---|
| + + | + – | – + | – – |
| (bijna) altijd | meer wel dan niet | meer niet dan wel | (bijna) nooit |
| De basiskenmerken zijn aanwezig. Het kind zit lekker in zijn vel. Het is van nature nieuwsgierig naar de wereld om hem heen. Nieuwe dingen schrikken hem niet af, maar zijn juist interessant en vormen een uitdaging om spelenderwijs te ontdekken en te ervaren. | De meeste basiskenmerken zijn aanwezig. Sommige kenmerken verdienen enige aandacht, zeker als deze de ontwikkeling van het kind belemmeren. | Een aantal kenmerken is aanwezig en een aantal niet of de meeste basiskenmerken zijn meer niet dan wel aanwezig. De basiskenmerken verdienen aandacht. | De basiskenmerken zijn meestal niet aanwezig. Het kind is onzeker, niet ondernemend en voelt zich niet vrij. Extra aandacht voor de basiskenmerken is noodzakelijk. |

Bij de *gedetailleerde aanpak* gebruikt u voor baby's en dreumesen andere lijsten met kenmerken dan voor peuters. Deze lijsten staan in bijlagen 1 en 2 van de Handleiding. De betreffende registratielijsten staan in dit Volgboekje. Voor alle acht registratiemomenten is er een gedetailleerde lijst.

### *Betrokkenheid*
Het niveau van betrokkenheid bepaalt u aan de hand van onderstaande vijf schaalwaarden:

| | **Baby's en dreumesen** | **Peuters** |
|---|---|---|
| Schaalwaarde 1 | | Geen spel |
| Schaalwaarde 2 | Min of meer onderbroken spel | Vaak onderbroken spelen |
| Schaalwaarde 3 | Min of meer aangehouden spel | Min of meer aanhoudend spelen |
| Schaalwaarde 4 | Goede betrokkenheid, spel met intense momenten | Spelen met intense momenten |
| Schaalwaarde 5 | | Volgehouden intens spelen |

Voor peuters gebruikt u alle vijf de schaalwaarden. Voor baby's en dreumesen gebruikt u alleen de schaalwaarden 2, 3 en 4. In hoofdstuk 3 van de Handleiding (pagina 38) wordt het begrip Betrokkenheid en het toekennen van deze schaalwaarden nader toegelicht.

### *Risico's voor ontwikkeling*
Voor de herkenning van signalen die wijzen op een risico voor de ontwikkeling bij baby's en dreumesen maakt u gebruik van de leidraad 'Signalen die wijzen op risico voor de ontwikkeling'. Meer informatie hierover vindt u in hoofdstuk 3 van de Handleiding. Per periode van zes maanden kruist u aan welke signalen op het kind van toepassing zijn. In de kolom ernaast schrijft u zo precies mogelijk wat u met betrekking tot de signalen heeft waargenomen.

Bij de registratie van risicofactoren bij peuters maakt u gebruik van een checklist. In de linkerkolom kruist u per registratiemoment aan welke signalen mogelijk op het kind van toepassing zijn. U gaat daarbij niet over een nacht ijs. Alleen wanneer u zeker van uw zaak bent, kruist u de betreffende signalen aan. Bij twijfel kiest u voor een extra periode van observatie en stelt u het aankruisen voorlopig nog even uit. Daarom zijn er ook vier registratiemomenten opgenomen.

### *Ontwikkelingslijnen*
De registratie van de ontwikkeling doet u aan de hand van ontwikkelingslijnen. Elke ontwikkelingslijn loopt van nul tot vier jaar, met een uitloop van een half jaar.
Bovenaan staat de ontwikkelingslijn voor kinderen van 0 tot 2;0 jaar en daaronder de ontwikkelingslijn voor 2;0 tot 4;6 jaar (vier jaar en zes maanden). Tezamen vormen ze één doorlopende lijn. Wanneer u bijvoorbeeld van mening bent dat een dreumes van anderhalf jaar al praat als aan kind van drie jaar, dan kleurt u de balk waarmee u het ontwikkelingsniveau aangeeft in tot drie jaar. Op de linker bladzijde noteert u belangrijke observaties of opmerkingen met betrekking tot de betreffende ontwikkelingslijn. U kunt de ontwikkelingslijnen acht keer invullen. U kleurt de lijn telkens een stukje verder in, al naar gelang de ontwikkeling. Bij ieder registratiemoment kiest u een andere kleur. Zo heeft u in één oogopslag de ontwikkeling in beeld.
In hoofdstuk 4 van de Handleiding wordt uitgebreid beschreven hoe u te werk gaat bij het registreren aan de hand van ontwikkelingslijnen.

### *Individueel rapport*
Op de laatste twee bladzijden van het volgboekje vindt u het individuele rapport. Iedere keer als u een registratiemoment afsluit, verzamelt u hier de ingevulde gegevens met betrekking tot de basiskenmerken, betrokkenheid, risico's voor ontwikkeling en de ontwikkelingslijnen.

Het individueel rapport gaat uit van twee registratiemomenten per jaar gedurende vier jaar. Zo kunt u de ontwikkeling van een kind van 0 tot 4 jaar op één rapport weergeven.
Vult u het rapport pas in als het kind al een peuter is? Dan begint u bij het vijfde registratiemoment. U heeft dan vier registratiemomenten (één per halfjaar) totdat het kind naar de basisschool gaat.

## KIJK! 0-4 jaar Volgboekje

Naam kind: ______________________________

Adres: ______________________________

Geboortedatum: ______________________________

Naam kindcentrum: ______________________________

Adres: ______________________________

Ingevuld door: ____________________ datum: ____________

____________________ datum: ____________

____________________ datum: ____________

____________________ datum: ____________

____________________ datum: ____________

____________________ datum: ____________

____________________ datum: ____________

____________________ datum: ____________

## Achtergronden van het kind

| Datum | Over het gezin |
| --- | --- |
| Datum | Bijzondere gebeurtenissen |
| Datum | Contact met de ouders |

| Datum | Interne bespreking |
| --- | --- |
| Datum | Contact met andere instanties |
| Datum | Overige |

## Basiskenmerken baby-dreumes en peuters (0-4 jaar)

***Globale registratie***
Een omschrijving van de basiskenmerken vindt u in de Handleiding vanaf pagina 34.

| | (bijna) altijd<br><br>++ | meer wel dan niet<br>+- | meer niet dan wel<br>-+ | (bijna) nooit<br><br>-- | Opmerkingen |
|---|---|---|---|---|---|
| Registratiemoment 1 | | | | | |
| Registratiemoment 2 | | | | | |
| Registratiemoment 3 | | | | | |
| Registratiemoment 4 | | | | | |
| Registratiemoment 5 | | | | | |
| Registratiemoment 6 | | | | | |
| Registratiemoment 7 | | | | | |
| Registratiemoment 8 | | | | | |

# Basiskenmerken baby-dreumes (0-2 jaar): gedetailleerde registratie

*Registratiemoment 1*

**1. Vrij zijn van emotionele belemmeringen**

| | (bijna) altijd | meer wel dan niet | meer niet dan wel | (bijna) nooit |
|---|---|---|---|---|
| 1. Slaapt goed en wordt rustig wakker. | ☐ | ☐ | ☐ | ☐ |
| 2. Maakt oogcontact en reageert op de pedagogisch medewerker. | ☐ | ☐ | ☐ | ☐ |
| 3. Heeft een ontspannen lichaamshouding. | ☐ | ☐ | ☐ | ☐ |
| 4. Heeft belangstelling voor de omgeving en geniet zichtbaar. | ☐ | ☐ | ☐ | ☐ |
| 5. Staat open voor contacten met andere kinderen en pedagogisch medewerker. | ☐ | ☐ | ☐ | ☐ |
| 6. Laat zich kalmeren of troosten door de pedagogisch medewerker en accepteert lichamelijk contact. | ☐ | ☐ | ☐ | ☐ |

*Observaties:*

**2. Nieuwsgierig en ondernemend zijn**

| | (bijna) altijd | meer wel dan niet | meer niet dan wel | (bijna) nooit |
|---|---|---|---|---|
| 1. Heeft zin om te spelen. | ☐ | ☐ | ☐ | ☐ |
| 2. Kijkt, kruipt, loopt of rent direct naar speelgoed of andere kinderen. | ☐ | ☐ | ☐ | ☐ |
| 3. Zoekt nieuwe uitdagingen; pakt onbekend materiaal of speelgoed. | ☐ | ☐ | ☐ | ☐ |
| 4. Durft stout gevonden te worden.* | ☐ | ☐ | ☐ | ☐ |

* *vooral van toepassing bij kinderen vanaf 1 jaar*

*Observaties:*

*Registratiemoment 1*

**3. Zelfvertrouwen hebben**

| | (bijna) altijd | meer wel dan niet | meer niet dan wel | (bijna) nooit |
|---|---|---|---|---|
| 1. Komt met plezier naar het kindcentrum; heeft geen moeite met afscheid nemen. | ☐ | ☐ | ☐ | ☐ |
| 2. Straalt zelfvertrouwen uit; durft zich te laten zien of te laten horen.* | ☐ | ☐ | ☐ | ☐ |
| 3. Gaat uitdagingen aan. | ☐ | ☐ | ☐ | ☐ |
| 4. Emoties zijn goed afgestemd op de situatie.* | ☐ | ☐ | ☐ | ☐ |

* *vooral van toepassing bij kinderen vanaf 1 jaar*

*Observaties:*

*Totaalindruk basiskenmerken:*

# Basiskenmerken baby-dreumes (0- 2 jaar): gedetailleerde registratie

## *Registratiemoment 2*

**1. Vrij zijn van emotionele belemmeringen**

| | (bijna) altijd | meer wel dan niet | meer niet dan wel | (bijna) nooit |
|---|---|---|---|---|
| 1. Slaapt goed en wordt rustig wakker. | ☐ | ☐ | ☐ | ☐ |
| 2. Maakt oogcontact en reageert op de pedagogisch medewerker. | ☐ | ☐ | ☐ | ☐ |
| 3. Heeft een ontspannen lichaamshouding. | ☐ | ☐ | ☐ | ☐ |
| 4. Heeft belangstelling voor de omgeving en geniet zichtbaar. | ☐ | ☐ | ☐ | ☐ |
| 5. Staat open voor contacten met andere kinderen en pedagogisch medewerker. | ☐ | ☐ | ☐ | ☐ |
| 6. Laat zich kalmeren of troosten door de pedagogisch medewerker en accepteert lichamelijk contact. | ☐ | ☐ | ☐ | ☐ |

*Observaties:*

**2. Nieuwsgierig en ondernemend zijn**

| | (bijna) altijd | meer wel dan niet | meer niet dan wel | (bijna) nooit |
|---|---|---|---|---|
| 1. Heeft zin om te spelen. | ☐ | ☐ | ☐ | ☐ |
| 2. Kijkt, kruipt, loopt of rent direct naar speelgoed of andere kinderen. | ☐ | ☐ | ☐ | ☐ |
| 3. Zoekt nieuwe uitdagingen; pakt onbekend materiaal of speelgoed. | ☐ | ☐ | ☐ | ☐ |
| 4. Durft stout gevonden te worden.* | ☐ | ☐ | ☐ | ☐ |

* *vooral van toepassing bij kinderen vanaf 1 jaar*

*Observaties:*

## *Registratiemoment 2*

**3. Zelfvertrouwen hebben**

| | (bijna) altijd | meer wel dan niet | meer niet dan wel | (bijna) nooit |
|---|---|---|---|---|
| 1. Komt met plezier naar het kindcentrum; heeft geen moeite met afscheid nemen. | ☐ | ☐ | ☐ | ☐ |
| 2. Straalt zelfvertrouwen uit; durft zich te laten zien of te laten horen.* | ☐ | ☐ | ☐ | ☐ |
| 3. Gaat uitdagingen aan. | ☐ | ☐ | ☐ | ☐ |
| 4. Emoties zijn goed afgestemd op de situatie.* | ☐ | ☐ | ☐ | ☐ |

* *vooral van toepassing bij kinderen vanaf 1 jaar*

*Observaties:*

*Totaalindruk basiskenmerken:*

# Basiskenmerken baby-dreumes (0- 2 jaar): gedetailleerde registratie

## *Registratiemoment 3*

**1. Vrij zijn van emotionele belemmeringen**

| | (bijna) altijd | meer wel dan niet | meer niet dan wel | (bijna) nooit |
|---|---|---|---|---|
| 1. Slaapt goed en wordt rustig wakker. | ☐ | ☐ | ☐ | ☐ |
| 2. Maakt oogcontact en reageert op de pedagogisch medewerker. | ☐ | ☐ | ☐ | ☐ |
| 3. Heeft een ontspannen lichaamshouding. | ☐ | ☐ | ☐ | ☐ |
| 4. Heeft belangstelling voor de omgeving en geniet zichtbaar. | ☐ | ☐ | ☐ | ☐ |
| 5. Staat open voor contacten met andere kinderen en pedagogisch medewerker. | ☐ | ☐ | ☐ | ☐ |
| 6. Laat zich kalmeren of troosten door de pedagogisch medewerker en accepteert lichamelijk contact. | ☐ | ☐ | ☐ | ☐ |

*Observaties:*

**2. Nieuwsgierig en ondernemend zijn**

| | (bijna) altijd | meer wel dan niet | meer niet dan wel | (bijna) nooit |
|---|---|---|---|---|
| 1. Heeft zin om te spelen. | ☐ | ☐ | ☐ | ☐ |
| 2. Kijkt, kruipt, loopt of rent direct naar speelgoed of andere kinderen. | ☐ | ☐ | ☐ | ☐ |
| 3. Zoekt nieuwe uitdagingen; pakt onbekend materiaal of speelgoed. | ☐ | ☐ | ☐ | ☐ |
| 4. Durft stout gevonden te worden.* | ☐ | ☐ | ☐ | ☐ |

* *vooral van toepassing bij kinderen vanaf 1 jaar*

*Observaties:*

## *Registratiemoment 3*

**3. Zelfvertrouwen hebben**

| | (bijna) altijd | meer wel dan niet | meer niet dan wel | (bijna) nooit |
|---|---|---|---|---|
| 1. Komt met plezier naar het kindcentrum; heeft geen moeite met afscheid nemen. | ☐ | ☐ | ☐ | ☐ |
| 2. Straalt zelfvertrouwen uit; durft zich te laten zien of te laten horen.* | ☐ | ☐ | ☐ | ☐ |
| 3. Gaat uitdagingen aan. | ☐ | ☐ | ☐ | ☐ |
| 4. Emoties zijn goed afgestemd op de situatie.* | ☐ | ☐ | ☐ | ☐ |

* *vooral van toepassing bij kinderen vanaf 1 jaar*

*Observaties:*

*Totaalindruk basiskenmerken:*

# Basiskenmerken baby-dreumes (0- 2 jaar): gedetailleerde registratie

***Registratiemoment 4***

**1. Vrij zijn van emotionele belemmeringen**

| | (bijna) altijd | meer wel dan niet | meer niet dan wel | (bijna) nooit |
|---|---|---|---|---|
| 1. Slaapt goed en wordt rustig wakker. | ☐ | ☐ | ☐ | ☐ |
| 2. Maakt oogcontact en reageert op de pedagogisch medewerker. | ☐ | ☐ | ☐ | ☐ |
| 3. Heeft een ontspannen lichaamshouding. | ☐ | ☐ | ☐ | ☐ |
| 4. Heeft belangstelling voor de omgeving en geniet zichtbaar. | ☐ | ☐ | ☐ | ☐ |
| 5. Staat open voor contacten met andere kinderen en pedagogisch medewerker. | ☐ | ☐ | ☐ | ☐ |
| 6. Laat zich kalmeren of troosten door de pedagogisch medewerker en accepteert lichamelijk contact. | ☐ | ☐ | ☐ | ☐ |

*Observaties:*

**2. Nieuwsgierig en ondernemend zijn**

| | (bijna) altijd | meer wel dan niet | meer niet dan wel | (bijna) nooit |
|---|---|---|---|---|
| 1. Heeft zin om te spelen. | ☐ | ☐ | ☐ | ☐ |
| 2. Kijkt, kruipt, loopt of rent direct naar speelgoed of andere kinderen. | ☐ | ☐ | ☐ | ☐ |
| 3. Zoekt nieuwe uitdagingen; pakt onbekend materiaal of speelgoed. | ☐ | ☐ | ☐ | ☐ |
| 4. Durft stout gevonden te worden.* | ☐ | ☐ | ☐ | ☐ |

* *vooral van toepassing bij kinderen vanaf 1 jaar*

*Observaties:*

*Registratiemoment 4*

**3. Zelfvertrouwen hebben**

| | (bijna) altijd | meer wel dan niet | meer niet dan wel | (bijna) nooit |
|---|---|---|---|---|
| 1. Komt met plezier naar het kindcentrum; heeft geen moeite met afscheid nemen. | ☐ | ☐ | ☐ | ☐ |
| 2. Straalt zelfvertrouwen uit; durft zich te laten zien of te laten horen.* | ☐ | ☐ | ☐ | ☐ |
| 3. Gaat uitdagingen aan. | ☐ | ☐ | ☐ | ☐ |
| 4. Emoties zijn goed afgestemd op de situatie.* | ☐ | ☐ | ☐ | ☐ |

* *vooral van toepassing bij kinderen vanaf 1 jaar*

*Observaties:*

*Totaalindruk basiskenmerken:*

# Basiskenmerken peuters (2-4 jaar): gedetailleerde registratie

## *Registratiemoment 1*

**1. Vrij zijn van emotionele belemmeringen**

| | (bijna) altijd | meer wel dan niet | meer niet dan wel | (bijna) nooit |
|---|---|---|---|---|
| 1. Durft zelf keuzes te maken. | ☐ | ☐ | ☐ | ☐ |
| 2. Begint uit zichzelf met een activiteit. | ☐ | ☐ | ☐ | ☐ |
| 3. Doet mee met een kringgesprek. | ☐ | ☐ | ☐ | ☐ |
| 4. Geeft bij het bespreken van een activiteit zijn eigen mening. | ☐ | ☐ | ☐ | ☐ |
| 5. Voelt zich veilig in een kleine groep. | ☐ | ☐ | ☐ | ☐ |
| 6. Voelt zich veilig in een grote groep. | ☐ | ☐ | ☐ | ☐ |
| 7. Is open in contacten met andere kinderen. | ☐ | ☐ | ☐ | ☐ |
| 8. Is open in contacten met de pedagogisch medewerker. | ☐ | ☐ | ☐ | ☐ |
| 9. Aanvaardt aandacht in de vorm van een pluim of een troostend woord. | ☐ | ☐ | ☐ | ☐ |
| 10. Past zich gemakkelijk aan wisselende situaties aan. | ☐ | ☐ | ☐ | ☐ |

*Observaties:*

**2. Nieuwsgierig en ondernemend zijn**

| | (bijna) altijd | meer wel dan niet | meer niet dan wel | (bijna) nooit |
|---|---|---|---|---|
| 1. Heeft zin in het werken met ontwikkelingsmaterialen. | ☐ | ☐ | ☐ | ☐ |
| 2. Heeft plezier in spel en werken met constructiematerialen. | ☐ | ☐ | ☐ | ☐ |
| 3. Gaat actief in op wat het in de omgeving waarneemt; voorwerpen uit de omgeving hebben een grote aantrekkingskracht. | ☐ | ☐ | ☐ | ☐ |
| 4. Zoekt nieuwe uitdagingen; streeft andere oplossingen dan de "gebruikelijke" na; pakt naar onbekend materiaal. | ☐ | ☐ | ☐ | ☐ |
| 5. Durft fouten te maken. | ☐ | ☐ | ☐ | ☐ |
| 6. Durft stout gevonden te worden. | ☐ | ☐ | ☐ | ☐ |

*Observaties:*

## *Registratiemoment 1*

**3. Zelfvertrouwen hebben**

| | (bijna) altijd | meer wel dan niet | meer niet dan wel | (bijna) nooit |
|---|---|---|---|---|
| 1. Komt met plezier naar het kindcentrum. | ☐ | ☐ | ☐ | ☐ |
| 2. Durft zich te laten zien of horen. | ☐ | ☐ | ☐ | ☐ |
| 3. Gaat uitdagingen aan en durft risico's te nemen. | ☐ | ☐ | ☐ | ☐ |
| 4. Komt voor zichzelf op. | ☐ | ☐ | ☐ | ☐ |
| 5. Weet van zichzelf wat het wel en niet (goed) kan. | ☐ | ☐ | ☐ | ☐ |

*Observaties:*

*Totaalindruk basiskenmerken:*

# Basiskenmerken peuters (2-4 jaar): gedetailleerde registratie

*Registratiemoment 2*

| **1. Vrij zijn van emotionele belemmeringen** | **(bijna) altijd** | **meer wel dan niet** | **meer niet dan wel** | **(bijna) nooit** |
|---|---|---|---|---|
| 1. Durft zelf keuzes te maken. | ☐ | ☐ | ☐ | ☐ |
| 2. Begint uit zichzelf met een activiteit. | ☐ | ☐ | ☐ | ☐ |
| 3. Doet mee met een kringgesprek. | ☐ | ☐ | ☐ | ☐ |
| 4. Geeft bij het bespreken van een activiteit zijn eigen mening. | ☐ | ☐ | ☐ | ☐ |
| 5. Voelt zich veilig in een kleine groep. | ☐ | ☐ | ☐ | ☐ |
| 6. Voelt zich veilig in een grote groep. | ☐ | ☐ | ☐ | ☐ |
| 7. Is open in contacten met andere kinderen. | ☐ | ☐ | ☐ | ☐ |
| 8. Is open in contacten met de pedagogisch medewerker. | ☐ | ☐ | ☐ | ☐ |
| 9. Aanvaardt aandacht in de vorm van een pluim of een troostend woord. | ☐ | ☐ | ☐ | ☐ |
| 10. Past zich gemakkelijk aan wisselende situaties aan. | ☐ | ☐ | ☐ | ☐ |

*Observaties:*

| **2. Nieuwsgierig en ondernemend zijn** | **(bijna) altijd** | **meer wel dan niet** | **meer niet dan wel** | **(bijna) nooit** |
|---|---|---|---|---|
| 1. Heeft zin in het werken met ontwikkelingsmaterialen. | ☐ | ☐ | ☐ | ☐ |
| 2. Heeft plezier in spel en werken met constructiematerialen. | ☐ | ☐ | ☐ | ☐ |
| 3. Gaat actief in op wat het in de omgeving waarneemt; voorwerpen uit de omgeving hebben een grote aantrekkingskracht. | ☐ | ☐ | ☐ | ☐ |
| 4. Zoekt nieuwe uitdagingen; streeft andere oplossingen dan de "gebruikelijke" na; pakt naar onbekend materiaal. | ☐ | ☐ | ☐ | ☐ |
| 5. Durft fouten te maken. | ☐ | ☐ | ☐ | ☐ |
| 6. Durft stout gevonden te worden. | ☐ | ☐ | ☐ | ☐ |

*Observaties:*

### *Registratiemoment 2*

**3. Zelfvertrouwen hebben**

| | (bijna) altijd | meer wel dan niet | meer niet dan wel | (bijna) nooit |
|---|---|---|---|---|
| 1. Komt met plezier naar het kindcentrum. | ☐ | ☐ | ☐ | ☐ |
| 2. Durft zich te laten zien of horen. | ☐ | ☐ | ☐ | ☐ |
| 3. Gaat uitdagingen aan en durft risico's te nemen. | ☐ | ☐ | ☐ | ☐ |
| 4. Komt voor zichzelf op. | ☐ | ☐ | ☐ | ☐ |
| 5. Weet van zichzelf wat het wel en niet (goed) kan. | ☐ | ☐ | ☐ | ☐ |

*Observaties:*

*Totaalindruk basiskenmerken:*

# Basiskenmerken peuters (2-4 jaar): gedetailleerde registratie

***Registratiemoment 3***

**1. Vrij zijn van emotionele belemmeringen**

| | (bijna) altijd | meer wel dan niet | meer niet dan wel | (bijna) nooit |
|---|---|---|---|---|
| 1. Durft zelf keuzes te maken. | ☐ | ☐ | ☐ | ☐ |
| 2. Begint uit zichzelf met een activiteit. | ☐ | ☐ | ☐ | ☐ |
| 3. Doet mee met een kringgesprek. | ☐ | ☐ | ☐ | ☐ |
| 4. Geeft bij het bespreken van een activiteit zijn eigen mening. | ☐ | ☐ | ☐ | ☐ |
| 5. Voelt zich veilig in een kleine groep. | ☐ | ☐ | ☐ | ☐ |
| 6. Voelt zich veilig in een grote groep. | ☐ | ☐ | ☐ | ☐ |
| 7. Is open in contacten met andere kinderen. | ☐ | ☐ | ☐ | ☐ |
| 8. Is open in contacten met de pedagogisch medewerker. | ☐ | ☐ | ☐ | ☐ |
| 9. Aanvaardt aandacht in de vorm van een pluim of een troostend woord. | ☐ | ☐ | ☐ | ☐ |
| 10. Past zich gemakkelijk aan wisselende situaties aan. | ☐ | ☐ | ☐ | ☐ |

*Observaties:*

**2. Nieuwsgierig en ondernemend zijn**

| | (bijna) altijd | meer wel dan niet | meer niet dan wel | (bijna) nooit |
|---|---|---|---|---|
| 1. Heeft zin in het werken met ontwikkelingsmaterialen. | ☐ | ☐ | ☐ | ☐ |
| 2. Heeft plezier in spel en werken met constructiematerialen. | ☐ | ☐ | ☐ | ☐ |
| 3. Gaat actief in op wat het in de omgeving waarneemt; voorwerpen uit de omgeving hebben een grote aantrekkingskracht. | ☐ | ☐ | ☐ | ☐ |
| 4. Zoekt nieuwe uitdagingen; streeft andere oplossingen dan de "gebruikelijke" na; pakt naar onbekend materiaal. | ☐ | ☐ | ☐ | ☐ |
| 5. Durft fouten te maken. | ☐ | ☐ | ☐ | ☐ |
| 6. Durft stout gevonden te worden. | ☐ | ☐ | ☐ | ☐ |

*Observaties:*

## *Registratiemoment 3*

**3. Zelfvertrouwen hebben**

| | (bijna) altijd | meer wel dan niet | meer niet dan wel | (bijna) nooit |
|---|---|---|---|---|
| 1. Komt met plezier naar het kindcentrum. | ☐ | ☐ | ☐ | ☐ |
| 2. Durft zich te laten zien of horen. | ☐ | ☐ | ☐ | ☐ |
| 3. Gaat uitdagingen aan en durft risico's te nemen. | ☐ | ☐ | ☐ | ☐ |
| 4. Komt voor zichzelf op. | ☐ | ☐ | ☐ | ☐ |
| 5. Weet van zichzelf wat het wel en niet (goed) kan. | ☐ | ☐ | ☐ | ☐ |

*Observaties:*

*Totaalindruk basiskenmerken:*

# Basiskenmerken peuters (2-4 jaar): gedetailleerde registratie

*Registratiemoment 4*

**1. Vrij zijn van emotionele belemmeringen**

| | (bijna) altijd | meer wel dan niet | meer niet dan wel | (bijna) nooit |
|---|---|---|---|---|
| 1. Durft zelf keuzes te maken. | ☐ | ☐ | ☐ | ☐ |
| 2. Begint uit zichzelf met een activiteit. | ☐ | ☐ | ☐ | ☐ |
| 3. Doet mee met een kringgesprek. | ☐ | ☐ | ☐ | ☐ |
| 4. Geeft bij het bespreken van een activiteit zijn eigen mening. | ☐ | ☐ | ☐ | ☐ |
| 5. Voelt zich veilig in een kleine groep. | ☐ | ☐ | ☐ | ☐ |
| 6. Voelt zich veilig in een grote groep. | ☐ | ☐ | ☐ | ☐ |
| 7. Is open in contacten met andere kinderen. | ☐ | ☐ | ☐ | ☐ |
| 8. Is open in contacten met de pedagogisch medewerker. | ☐ | ☐ | ☐ | ☐ |
| 9. Aanvaardt aandacht in de vorm van een pluim of een troostend woord. | ☐ | ☐ | ☐ | ☐ |
| 10. Past zich gemakkelijk aan wisselende situaties aan. | ☐ | ☐ | ☐ | ☐ |

*Observaties:*

**2. Nieuwsgierig en ondernemend zijn**

| | (bijna) altijd | meer wel dan niet | meer niet dan wel | (bijna) nooit |
|---|---|---|---|---|
| 1. Heeft zin in het werken met ontwikkelingsmaterialen. | ☐ | ☐ | ☐ | ☐ |
| 2. Heeft plezier in spel en werken met constructiematerialen. | ☐ | ☐ | ☐ | ☐ |
| 3. Gaat actief in op wat het in de omgeving waarneemt; voorwerpen uit de omgeving hebben een grote aantrekkingskracht. | ☐ | ☐ | ☐ | ☐ |
| 4. Zoekt nieuwe uitdagingen; streeft andere oplossingen dan de "gebruikelijke" na; pakt naar onbekend materiaal. | ☐ | ☐ | ☐ | ☐ |
| 5. Durft fouten te maken. | ☐ | ☐ | ☐ | ☐ |
| 6. Durft stout gevonden te worden. | ☐ | ☐ | ☐ | ☐ |

*Observaties:*

*Registratiemoment 4*

**3. Zelfvertrouwen hebben**

| | (bijna) altijd | meer wel dan niet | meer niet dan wel | (bijna) nooit |
|---|---|---|---|---|
| 1. Komt met plezier naar het kindcentrum. | ☐ | ☐ | ☐ | ☐ |
| 2. Durft zich te laten zien of horen. | ☐ | ☐ | ☐ | ☐ |
| 3. Gaat uitdagingen aan en durft risico's te nemen. | ☐ | ☐ | ☐ | ☐ |
| 4. Komt voor zichzelf op. | ☐ | ☐ | ☐ | ☐ |
| 5. Weet van zichzelf wat het wel en niet (goed) kan. | ☐ | ☐ | ☐ | ☐ |

*Observaties:*

*Totaalindruk basiskenmerken:*

## Betrokkenheid

| | Baby's en dreumesen | Peuters |
|---|---|---|
| Schaalwaarde 1 | | Geen spel |
| Schaalwaarde 2 | Min of meer onderbroken spel | Vaak onderbroken spelen |
| Schaalwaarde 3 | Min of meer aangehouden spel | Min of meer aanhoudend spelen |
| Schaalwaarde 4 | Goede betrokkenheid,<br>spel met intense momenten | Spelen met intense momenten |
| Schaalwaarde 5 | | Volgehouden intens spelen |

| | *Activiteit* | *Niveau van betrokkenheid<br>0-2 jr: 2 t/m 4<br>2-4 jr: 1 t/m 5* | *Signalen* |
|---|---|---|---|
| Registratiemoment 1 | | | |
| Registratiemoment 2 | | | |

## Vervolg Betrokkenheid

| | *Activiteit* | *Niveau van betrokkenheid 0-2 jr: 2 t/m 4 2-4 jr: 1 t/m 5* | *Signalen* |
|---|---|---|---|
| Registratiemoment 3 | | | |
| Registratiemoment 4 | | | |
| Registratiemoment 5 | | | |

## Vervolg Betrokkenheid

| | *Activiteit* | *Niveau van betrokkenheid*<br>*0-2 jr: 2 t/m 4*<br>*2-4 jr: 1 t/m 5* | *Signalen* |
|---|---|---|---|
| Registratiemoment 6 | | | |
| Registratiemoment 7 | | | |
| Registratiemoment 8 | | | |

## Risico's

## Leidraad 'Signalen die wijzen op risico voor de ontwikkeling': baby-dreumes (0-2 jaar)

| *Periode* | *Signalen* | *Observaties* |
| --- | --- | --- |
| *Tot 6 maanden* | ☐ Eerste lachje blijft uit. | |
| | ☐ Maakt geen oogcontact. | |
| | ☐ Kan bij het zitten het hoofd niet stabiel rechtop houden. | |
| | ☐ Kan in buikligging het hoofd niet oprichten en om zich heen kijken. | |
| | ☐ Reageert niet als er tegen hem/haar gepraat wordt (door te kijken of door zelf geluidjes te maken). | |
| | ☐ Vormt eentonige klanken die diep uit de keel komen. | |
| | ☐ Lacht wel tegen draaiende voorwerpen of licht, maar niet tegen mensen. | |
| | ☐ Kijkt niet naar eigen handen. | |
| | ☐ Handen zijn niet af en toe open. Maakt vuistjes. | |
| | ☐ Pakt in rugligging niet naar voorwerpen binnen handbereik. | |
| | ☐ Kan kin niet even van ondergrond heffen. | |

| *Periode* | *Signalen* | *Observaties* |
|---|---|---|
| *Van 6 maanden tot 1 jaar* | ☐ Is niet eenkennig (herkent vaste opvoeder niet door wie het getroost wil worden als het verdrietig is). | |
| | ☐ Brengt geen variatie aan in de geluidjes die het maakt. | |
| | ☐ Lokt geen reactie uit. | |
| | ☐ Reageert niet op zijn naam en kijkt ook niet naar de richting waar het geluid vandaan komt. | |
| | ☐ Kan een voorwerp niet loslaten en niet overpakken in de andere hand. | |
| | ☐ Pakt niet of grijpt mis. | |
| | ☐ Kan niet 'dag' wuiven. | |
| | ☐ Steekt zijn handen niet uit om opgepakt te worden. | |
| | ☐ Kan in zit hoofd niet goed ophouden. | |
| | ☐ Speelt nog niet met beide voeten. | |
| | ☐ Pakt propje nog niet met duim en wijsvinger. | |
| | ☐ Zit niet stabiel los. | |
| | ☐ Komt niet zelfstandig van lig naar zit. | |

| *Periode* | *Signalen* | *Observaties* |
|---|---|---|
| *Van 1 tot 1;6 jaar* | ☐ Gaat niet wijzen. | |
| | ☐ Vermijdt oogcontact (kijkt weg). | |
| | ☐ Pakt niets om mee te gaan spelen. | |
| | ☐ Komt niet tot spel 'geven en nemen'. | |
| | ☐ Heeft een te slappe of een te hoge spierspanning. | |
| | ☐ Eerste klanken komen niet. Alleen ouder weet wat ermee bedoeld wordt. | |
| | ☐ Is niet in staat genegenheid te tonen (kusje geven). | |
| | ☐ Kan in zit hoofd niet goed ophouden. | |
| | ☐ Kan wel staan, maar doet dat voortdurend op de tenen. | |
| | ☐ Kan niet langs lopen. | |
| | ☐ Trekt zich niet op tot staan. | |

| *Periode* | *Signalen* | *Observaties* |
|---|---|---|
| *Van 1;6 tot 2 jaar* | ☐ Eerste woordje komt niet. | |
| | ☐ Loopt nog niet los. | |
| | ☐ Begrijpt niet wat er gezegd wordt. | |
| | ☐ Kan woorden nabootsen, maar gebruikt ze niet zelf (bij 2 jaar). | |
| | ☐ Ontwijkt de nabijheid van andere personen. | |
| | ☐ Kan niet duidelijk maken wat het wil. | |

## Lijst voor gedetailleerd observeren van risicofactoren bij peuters (2-4 jaar)

### Impulsiviteit

| *Registratiemoment* 1 | 2 | 3 | 4 | *Signalen* |
|---|---|---|---|---|
| ☐ | ☐ | ☐ | ☐ | Gedrag is onvoorspelbaar. |
| ☐ | ☐ | ☐ | ☐ | Vertoont veel ongerichte activiteit; werkt niet of niet voldoende volgens een inwendig plan. |
| ☐ | ☐ | ☐ | ☐ | Is zeer snel afgeleid. Zit overal aan, wordt in beslag genomen door elke toevallige indruk. |
| ☐ | ☐ | ☐ | ☐ | Handelt vooral op basis van gissen en missen. Begint direct. |

### Passiviteit

| *Registratiemoment* 1 | 2 | 3 | 4 | *Signalen* |
|---|---|---|---|---|
| ☐ | ☐ | ☐ | ☐ | Toont weinig initiatief; is minder onderzoekend. |
| ☐ | ☐ | ☐ | ☐ | Als sprake is van initiatief, is het minder of weinig relevant. |
| ☐ | ☐ | ☐ | ☐ | Laat een primitief niveau in fantasie- en rollenspel zien. |
| ☐ | ☐ | ☐ | ☐ | Toont weinig zelfcontrole op fouten. |
| ☐ | ☐ | ☐ | ☐ | Heeft geringe belangstelling voor nieuwe dingen, is niet weetgierig, is te weinig vragend en onderzoekend. |
| ☐ | ☐ | ☐ | ☐ | Houdt vast aan vertrouwde aanpakken en keuzes, vermijdt moeilijkheden. |
| ☐ | ☐ | ☐ | ☐ | Stopt snel met een activiteit. |
| ☐ | ☐ | ☐ | ☐ | Vertelt weinig spontaan; praat in korte zinnen. |
| ☐ | ☐ | ☐ | ☐ | Is terughoudend tot soms angstig in contacten. |

**Slechte selectieve aandacht**

| *Registratiemoment* 1 | 2 | 3 | 4 | *Signalen* |
|---|---|---|---|---|
| ☐ | ☐ | ☐ | ☐ | Luistert slecht naar instructie of tijdens (kring)gesprek. |
| ☐ | ☐ | ☐ | ☐ | Concentreert zich moeilijk op een onderdeel. |
| ☐ | ☐ | ☐ | ☐ | Heeft moeite om zich aan regels te houden. |
| ☐ | ☐ | ☐ | ☐ | Reageert niet ter zake doende. |
| ☐ | ☐ | ☐ | ☐ | Dwaalt gemakkelijk af. |

**Geringe wendbaarheid**

| *Registratiemoment* 1 | 2 | 3 | 4 | *Signalen* |
|---|---|---|---|---|
| ☐ | ☐ | ☐ | ☐ | Heeft bij een zelfde activiteit steeds weer aanwijzingen nodig. |
| ☐ | ☐ | ☐ | ☐ | Leert moeilijk nieuwe woorden of begrippen bij. |
| ☐ | ☐ | ☐ | ☐ | Heeft moeite met toepassen van het geleerde in andere situaties. |
| ☐ | ☐ | ☐ | ☐ | Wat het thuis wel kan, laat het in het kindcentrum niet 'zien'. |

**Grote vermoeidheid**

| *Registratiemoment* 1 | 2 | 3 | 4 | *Signalen* |
|---|---|---|---|---|
| ☐ | ☐ | ☐ | ☐ | Toont een duidelijk gebrek aan energie. |
| ☐ | ☐ | ☐ | ☐ | Is fysiek en/of mentaal snel vermoeid, vooral bij activiteiten waarbij geen materiaal aanwezig is dat de aandacht als het ware gevangen houdt. |

*Observaties:*

# Ontwikkelingslijnen

## Omgaan met zichzelf

| *Datum* | |
|---|---|
| | |

## Omgaan met anderen

| *Datum* | |
|---|---|
| | |

## Domein Sociaal-emotionele ontwikkeling

### Omgaan met zichzelf, 0 - 2 jaar

| 0 – 0;6 | 0;6 – 1 | 1 – 1;6 | 1;6 – 2 |
|---|---|---|---|
| Zoekt nog niet bewust contact met omgeving.<br>Laat soms teken van verveling zien.<br>Kan zichzelf afleiden.<br>Wordt stil in onwennige situaties.<br>Kan blijk geven van weigeringen.<br>Is zich bewust van routines.<br>Eenkennigheid leidt tot sterke reacties (huilen, tranen, ogen dicht). | Geeft blijk van boosheid.<br>Lacht uitbundig.<br>Lacht tegen zichzelf in spiegel.<br>Uit genegenheid voor bepaalde personen.<br>Toont uiting van vreugde, voldoening (bijvoorbeeld bij eerste stappen).<br>Reageert minder sterk op onbehaaglijkheid ten gevolge van eenkennigheid. | Maakt behoefte kenbaar.<br>Wordt assertiever.<br>Herkent zichzelf in spiegel.<br>Wijst om te laten zien wat hij wil. | Is op zichzelf gericht.<br>Is gevoelig voor goed- of afkeuring.<br>Is bang voor onbekende dingen (onweer, dieren).<br>Is snel overmoedig. |

### Omgaan met zichzelf, 2 - 4;6 jaar

| 2 – 2;6 | 2;6 – 3 | 3 – 3;6 | 3;6 – 4 | 4 – 4;6 |
|---|---|---|---|---|
| Eigen wil wordt sterker.<br>Ontdekt dat het invloed op de omgeving kan uitoefenen.<br>Zegt bij alles 'nee'.<br>Wil alles zelf doen.<br>Is blij als het iets kan. | Wordt driftig als iets niet mag of niet lukt.<br>Zegt 'nee' en doet het toch.<br>Zet eigen wil door.<br>Gebruikt het woord 'ik'.<br>Kan zes of meer lichaamsdelen aanwijzen. | Is nog erg op zichzelf gericht.<br>Weet wat wel of niet mag, maar gedraagt zich er nog niet naar.<br>Is angstig in vreemde situaties. | Ziet concrete verschillen tussen zichzelf en anderen.<br>Onderkent nog niet dat anderen gevoelens en wensen hebben.<br>Stelt behoeftes even uit. | Eerste gevoelens van trots en schaamte.<br>'Wat ik denk en zie, denkt en ziet iedereen.'<br>Kan meeleven in concrete situaties.<br>Benoemt eenvoudige gezichtsuitdrukkingen zoals boos, blij en bang.<br>Gebruikt het woord 'wij'. |

### Omgaan met anderen, 0 - 2 jaar

| 0 – 0;6 | 0;6 – 1 | 1 – 1;6 | 1;6 – 2 |
|---|---|---|---|
| Oogcontact.<br>Sociale glimlach.<br>Reageert op gezichtsuitdrukkingen.<br>Trekt aandacht door gebaren.<br>Voelt genegenheid voor speelgoed.<br>Herkent moeder/verzorgers. | Houdt van sociale spelletjes ('Kiekeboe').<br>Is zich bewust van onbekende personen (of: kijkt vreemde personen aandachtig aan).<br>Begrijpt principe 'om de beurt spelen'. | Is minder eenkennig.<br>Is gericht op mensen (ook kinderen) die tegen hem praten.<br>Laat genegenheid aan verzorgers blijken (knuffel, kus).<br>Toont verschillende reacties op verschillende verzorgers.<br>Imiteert bewegingen en geluiden.<br>Speelt in deze periode alleen en met zichzelf (solitair spel). | Heeft toenemend contact met andere kinderen uit gezin of er buiten.<br>Kan niet delen.<br>Zoekt nabijheid van vertrouwde volwassenen.<br>Behandelt andere kinderen vaak als voorwerp. |

### Omgaan met anderen, 2 - 4;6 jaar

| 2 – 2;6 | 2;6 – 3 | 3 – 3;6 | 3;6 – 4 | 4 – 4;6 |
|---|---|---|---|---|
| Zoekt andere kinderen op en speelt ernaast.<br>Is sterk op zichzelf en op eigen behoeften gericht.<br>Vertrouwt erop dat volwassene terugkomt.<br>Delen van speelgoed is nog steeds moeilijk. | Toont belangstelling voor andere kinderen.<br>Houdt geen rekening met een ander.<br>Is soms hard ten opzichte van anderen.<br>Speelt hetzelfde spel naast een ander. | Krijgt meer belangstelling voor andere mensen en kinderen.<br>Heeft een duidelijke voorkeur voor bepaalde personen. | Is sterk betrokken op pedagogisch medewerker.<br>Doet nog veel alleen.<br>Geniet van activiteiten in kleine groepen.<br>Stelt zich aanhankelijk op.<br>Helpt spontaan. | Zoekt korte 'tussendoor contacten'.<br>Zoekt meer uit zichzelf het contact met de pedagogisch medewerker. |

**Zelfredzaamheid**

| *Datum* | |
|---|---|
| | |

**Spelontwikkeling**

| *Datum* | |
|---|---|
| | |

## Domein Sociaal-emotionele ontwikkeling

### Zelfredzaamheid, 2 – 4;6 jaar

| 2 – 2;6 | 2;6 – 3 | 3 – 3;6 | 3;6 – 4 | 4 – 4;6 |
|---|---|---|---|---|
| Is nog niet zindelijk, zegt het te laat.<br>Drinkt uit een kopje maar knoeit nog.<br>Wil helpen bij opruimen en schoonmaken. | Kleedt zichzelf uit.<br>Eet met lepel en vork.<br>Drinkt uit een kopje zonder te morsen.<br>Is overdag geregeld zindelijk.<br>Kent eigen naam. | Is overdag meestal zindelijk.<br>Probeert zichzelf aan te kleden. | Wil zelf problemen oplossen.<br>Daagt zichzelf graag uit.<br>Beluisteren en opvolgen van mondelinge instructie is nog een zwak punt. | Maakt duidelijk wat hij wil.<br>Geeft aan dat hij hulp nodig heeft.<br>Begrijpt goed wat anderen van hem verwachten.<br>Haalt beker uit tas en maakt zelf fruitdoos open. |

### Spelontwikkeling, 2 - 4;6 jaar

| 2 – 2;6 | 2;6 – 3 | 3 – 3;6 | 3;6 – 4 | 4 – 4;6 |
|---|---|---|---|---|
| Speelt naast andere kinderen (ieder eigen spel).<br>Oefenspel: bijvoorbeeld blokken stapelen.<br>Manipulerend spel met vormloze materialen als zand en water. | Speelt hetzelfde spel, naast ander kind.<br>Imitatiespel: (nadoen van gedrag van volwassenen), bijv. roeren in een pot is koken. | Spelen naast elkaar, soms samen, bijvoorbeeld met rijdend materiaal.<br>Aanzet tot symbolisch spel: doet alsof de pop de baby is, geeft de pop een kus. Legt de pop in de wieg. | Speelt eenvoudige gezelschapsspelletjes o.l.v. volwassene.<br>Doet korte tijd mee met groepsactiviteiten: kringspel, liedjes.<br>Eenvoudig rollenspel waarbij het kind eenvoudige rollen aan kan nemen, soms meer tegelijk.<br>Eenvoudig constructiespel: willekeurig bouwen, creëren.<br>Patronen maken. | Speelt regelspel met andere kinderen maar houdt zich nog niet aan de regels.<br>In het symbolisch spel kan materiaal andere betekenissen krijgen, afwijkend van de realiteit. Kinderen vullen het in met hun eigen fantasie en verbeelding.<br>Omdat kinderen meer op elkaar gericht zijn ontstaat ook meer associatief spel. |

## Spraak- en taalontwikkeling

| *Datum* | |
|---|---|
| | |

# Domein Taal

## Spraak- en taalontwikkeling, 0 – 2 jaar

| 0 – 0;6 | 0;6 – 1 | 1 – 1;6 | 1;6 – 2 |
|---|---|---|---|
| Maakt kirrende geluiden tegen speelgoed en personen. Luistert naar gesprekken. Reageert op toespreken. Begint met babbelen. Maakt ah-ah-oh-oh-geluidjes. Kan onderscheid maken tussen mannen- en vrouwenstemmen. Reageert op eigen naam. | Herhaalt geluiden ("bamaba"). Begint woorden te begrijpen. Brabbelt volledige zinnen. Maakt eigen woorden "feh" (fles). | Begrijpt eenvoudige opdrachten. Kan deze uitvoeren. Benoemt hele groepen ("pah" tegen alle dieren). Heeft onduidelijke uitspraak. | Eerste woorden als "papa", "mama". Spreekt in éénwoordzinnen. Verwisselt nog allerlei klanken. Uitspraak nog zeer onvolledig. Kan concrete voorwerpen benoemen. |

## Spraak- en taalontwikkeling, 2 – 4;6 jaar

| 2 – 2;6 | 2;6 – 3 | 3 – 3;6 | 3;6 – 4 | 4 – 4;6 |
|---|---|---|---|---|
| Articulatie is nog onvolledig. Spreekt in tweewoordzinnen ("Mama fles") en kan daarmee duidelijk maken wat hij bedoelt. Spreekt over zichzelf met eigen naam. Herkent voorwerpen aan hun naam. | Woordenschat breidt zich verder uit. Spreekt in twee- en driewoordzinnen. Uitspraak van medeklinker-combinaties lukt nog niet ("toel" i.p.v. "stoel"). Eenvoudige vraagzinnen (bijv: "Is pop nou?"). Beantwoordt eenvoudige vragen. | Spreekt in zinnen van drie tot vier woorden. De zinsbouw is nog gebrekkig. Meervoudsvormen en verkleinwoorden geven nog problemen. Gebruikt 'ik' en 'jij' correct. Houdt van verhalen, rijmpjes en versjes. | Spreekt in zinnen van vier woorden. Spreekt vrijwel alle klanken goed uit, (behalve 'r' en sommige medeklinker-combinaties). Houdt van verhalen, rijmpjes en versjes. Stelt wie-, wat-, waar-vragen. | Spreekt in uitgebreide enkelvoudige zinnen en samengestelde zinnen ("en toen..., en dan..."). Gebruikt vraagzinnen ("wie heeft.., waar is...?"). Praat over onderwerpen buiten het hier en nu ("Bij de bakker..."). Probeert na te vertellen wat een ander heeft verteld. Kent enkele gespreksregels zoals 'vinger voor de mond'. Verbuiging van woorden is dikwijls juist, maar nog niet bij werkwoorden. |

**Ontluikende geletterdheid**

| *Datum* | |
|---|---|
| | |

## Domein Taal

### Ontluikende geletterdheid, 2 – 4;6 jaar

| 2 – 2;6 | 2;6 – 3 | 3 – 3;6 | 3;6 – 4 | 4 – 4;6 |
|---|---|---|---|---|
| Heeft belangstelling voor (prenten) boeken.<br>Krijgt belangstelling voor een verhaal.<br>Krijgt in de gaten hoe een boek werkt. | Vindt het leuk om voorgelezen te worden.<br>Houdt het boek goed vast.<br>Kijkt naar bladzijden (platen) van links naar rechts en slaat om.<br>Herkent favoriete boek. | Begint interesse te krijgen in geschreven tekst.<br>Leest een verhaal aan de hand van de plaatjes.<br>Kan rijm in woorden herkennen. | L1<br>Spelen met letters.<br>Toont belangstelling voor boeken (boekoriëntatie).<br>Kan inhoud al beetje voorspellen n.a.v de omslag van het boek.<br>Doet pedagogisch medewerker na als zij stukjes uit het boek uitbeeldt.<br>Beleeft zichtbaar plezier aan voorlezen, rijmpjes en boeken (leesplezier).<br>Gebruikt lettermateriaal niet om woorden te maken, maar om figuren te maken of te bouwen.<br>Wordt zich bewust van klanken in woorden. | L1 - L2 Overgangsfase:<br>Heeft meer gevarieerde interesse voor boeken.<br>Speelt een voorgelezen verhaal na m.b.v. aanwijzingen van de pedagogisch medewerker.<br>Doet alsof hij kan schrijven.<br>Schrijft naam in krabbels. |

## Cognitieve ontwikkeling

| *Datum* | |
|---|---|
| | |

# Domein Rekenen

## Cognitieve ontwikkeling, 0 - 2 jaar

| 0 – 0;6 | 0;6 – 1 | 1 – 1;6 | 1;6 – 2 |
|---|---|---|---|
| Reageert op gezichten.<br>Verkent wereld via de mond.<br>Krijgt interesse in speelgoed.<br>Brengt geluid en gezicht met elkaar in verband.<br>Onderzoekt allerlei dingen (lepel die is gevallen). | Zoekt naar verborgen voorwerpen.<br>Maakt onderscheid in plaatsen.<br>Houdt aandacht vast.<br>Imiteert handelingen (bijv. zwaaien). | Vraagt, door naar dingen te wijzen.<br>Heeft interesse voor boeken en bladzijden omslaan.<br>Herinnert zich smaak en geur.<br>Test oorzaak en gevolg (deur openen en sluiten). | Legt verbanden.<br>Kan zich iets voorstellen.<br>Herinnert zich dingen die net zijn gebeurd.<br>Onderscheidt vormen.<br>Maakt eenvoudige constructies met materiaal. |

## Cognitieve ontwikkeling, 2 – 4;6 jaar

| 2 – 2;6 | 2;6 – 3 | 3 – 3;6 | 3;6 – 4 | 4 – 4;6 |
|---|---|---|---|---|
| Maakt eenvoudige inlegpuzzels (met knopjes).<br>Begrijpt eenvoudige opdrachten en voert die ook uit. | Gebruikt 'ik'.<br>Legt puzzels met grote stukken, maar zonder knopjes.<br>Maakt bewust plannen.<br>Doet vormen in een vormenstoof. | Stelt waarom-vragen.<br>Denkt hardop.<br>Kent begrippen als moe, koud, honger.<br>Vergelijkt en ordent voorwerpen: weet dat stoel bij tafel hoort. | Benoemt aantal kleuren.<br>Gebruikt begrippen 'jou' en 'jij'.<br>Toont besef van tijd, bijv. dag/ nacht.<br>Haalt fantasie en werkelijkheid nog door elkaar.<br>Begrijpt begrippen als koud, moe, honger, arm.<br>Geeft tegenstellingen aan: meisje-jongen, warm-koud.<br>Ordent naar groot-klein. | Weet hoe oud hij is.<br>Kent begrippen als op, onder, meer, minder.<br>Gebruikt tijdsaanduidingen als: "Toen het vakantie was...".<br>Maakt vergelijkingen met concreet materiaal: lang-kort, dik-dun (grote tegenstellingen).<br>Ziet verschillen tussen afbeeldingen van voorwerpen. |

## Ontluikende gecijferdheid

| *Datum* | |
|---|---|
| | |

## Domein Rekenen

### Ontluikende gecijferdheid, 2 – 4;6 jaar

| 2 – 2;6 | 2;6 – 3 | 3 – 3;6 | 3;6 – 4 | 4 – 4;6 |
|---|---|---|---|---|
| Getallen oefenen aantrekkingskracht uit.<br>Weet dat hij twee schoenen heeft.<br>Kan nog niet tellen. | Weet dat een verzameling uit één, twee, drie of meer kan bestaan. | Kent wat cijfers.<br>Weet dat de woorden één, twee, drie in een vaste volgorde staan.<br>Telt akoestisch (alsof het een versje is).<br>Zegt de telrij op, vaak nog foutief.<br>Raakt voorwerpen aan en zegt er een getal bij.<br>Vertelt hoe oud hij is door vingers op te steken. | Vertelt hoeveel jaar hij is door het juiste aantal vingers op te steken.<br>Begint hardop te tellen, nog foutief (akoestisch tellen).<br>Telt zonder betekenis en noemt de telrij in willekeurige volgorde of slaat getallen over.<br>Zegt de telrij op als liedje of versje.<br>Vergelijkt grotere hoeveelheden (met een groot verschil in aantal) op het oog op: meer, minder, meeste, minste.<br>Denkt na over begrippen als (heel) veel en (heel) weinig.<br>Past met eigen lichaam ruimtelijke begrippen toe: "Ik zit achter de kast, onder de tafel, op de stoel." | Overziet een groepje van twee en drie zonder te tellen.<br>Telt voorwerpen, aanvankelijk asynchroon (voorwerpen overslaan of meerdere voorwerpen aanwijzen bij een telwoord).<br>Telt later synchroon.<br>Praat over voorwerpen die niet direct zichtbaar zijn (voorstellingsvermogen).<br>Wijst voorwerpen aan in ruimte, ook met ogen dicht.<br>Kent de namen driehoek, rondje, vierkant. |

**Grote motoriek**

| *Datum* | |
|---|---|
| | |

**Kleine motoriek**

| *Datum* | |
|---|---|
| | |

## Domein Motoriek

### Grote motoriek, 0 -2 jaar

| 0 – 0;6 | 0;6 – 1 | 1 – 1;6 | 1;6 – 2 |
|---|---|---|---|
| Schopt vaak.<br>Krijgt steeds meer controle over hoofd,- nek- en schouder-spieren.<br>Tilt hoofd op.<br>Rolt van buik naar rug en terug.<br>Kan beter evenwicht bewaren bij zitten.<br>'Springt' bij rechtop houden. | Zit rechtop en leunt voorover op handen.<br>Maakt loopbewe-gingen bij rechtop houden.<br>Begint met kruipen (8 mnd).<br>Kruipt met buik vrij van grond (12 mnd).<br>Trekt zichzelf om-hoog tot staan.<br>Loopt langs rand van tafel.<br>Kan zelf rechtop zit-ten en weer liggen.<br>Draait van rug naar buik. | Kan paar seconden alleen staan.<br>Doet eerste stappen.<br>Klimt en klautert.<br>Duwt loopwagen voort.<br>Gaat kruipend de trap op. | Loopt op vlakke voet; wijdbeens.<br>Klimt ergens op.<br>Heeft nog moeite met starten, stoppen en maken van bochten. |

### Grote motoriek, 2 - 4;6 jaar

| 2 – 2;6 | 2;6 – 3 | 3 – 3;6 | 3;6 – 4 | 4 – 4;6 |
|---|---|---|---|---|
| Beweegt tijdens het lopen ook de voet.<br>Springt zonder steun op de vlakke voet.<br>Klautert overal op en af.<br>Kan stukje hardlopen maar nog niet goed stoppen of van rich-ting veranderen. | Kan van richting ver-anderen en stoppen.<br>Loopt op tenen.<br>Rijdt op driewieler.<br>Vangt grote bal met beide armen.<br>Springt van onderste traptrede.<br>Staat nog onvast op één been. | Zwaait met de armen tijdens het lopen.<br>Staat circa twee se-conden op één been.<br>Loopt moeiteloos achteruit.<br>Trapt en stuurt op een driewieler. | Rent en springt.<br>Vangt grote bal in de handen.<br>Vangt kleine bal door met handen een schaaltje te vormen.<br>Staat op tenen. | Evenwicht: loopt over een lijn, staat vijf seconden op één been.<br>Vangt met twee han-den kleine bal.<br>Klimt, hinkelt, springt en huppelt.<br>Vaak is nog sprake van een massaal bewegingspatroon. |

### Kleine motoriek, 0 - 2 jaar

| 0 – 0;6 | 0;6 – 1 | 1 – 1;6 | 1;6 – 2 |
|---|---|---|---|
| Brengt handen naar elkaar toe.<br>Slaat en grijpt naar speelgoed.<br>Pakt met de hele hand (3 mnd).<br>Houdt speelgoed vast in beide handen.<br>Houdt blokje vast met middelvingers en handpalm. | Pakt voorwerpen met één hand en kan ze loslaten.<br>Bekijkt voorwerpen en draait ze om.<br>Volgt rollende bal met ogen.<br>Klapt in handen. | Pakt met duim en één vinger iets vast.<br>Stapelt twee blokken.<br>Pakt potlood en krast.<br>Beseft nog niet het verband tussen mo-torische activiteit en sporen die dit nalaat.<br>Legt grote puzzel-stukken met hand-grepen.<br>Pakt deze tussen duim en wijsvinger. | Eet zelf met lepel.<br>Doet voorwerpen ergens in en uit.<br>Bouwt toren van drie of vier blokken.<br>Houdt schrijfgerei in volle vuist vast.<br>Ontdekt vaak toeval-lig dat iets een spoor nalaat.<br>Slaat bladzijden met twee of drie tegelijk om. |

### Kleine motoriek, 2 – 4;6 jaar

| 2 – 2;6 | 2;6 – 3 | 3 – 3;6 | 3;6 – 4 | 4 – 4;6 |
|---|---|---|---|---|
| Maakt krabbels.<br>Bouwt toren van zes tot acht blokken.<br>Bewegingen zijn nog erg massaal (gestuurd vanuit schouder en bovenarm). | Penseelgreep: houdt potlood vast met al-leen de vingers.<br>Slaat bladzijden één voor één om.<br>Bewegingen zijn nog massaal.<br>Speelt met kleine voorwerpen. | Bouwt toren van meer dan negen blokken.<br>Doet grote knopen open en dicht. | Hanteert schrijf- en tekengereedschap vanuit de schouder en elleboog.<br>Opponeert duim.<br>Knipt kleine stukjes.<br>Manipuleert met klein constructie-materiaal (Lego). | Rijgt grote kralen.<br>Maakt ingewikkelder bouwsels.<br>Knipt een blad door.<br>Doet rits open en dicht.<br>Maakt grovere bewe-ging vanuit pols. |

**Tekenontwikkeling**

| *Datum* | |
|---|---|
| | |

## Domein Motoriek

### Tekenontwikkeling, 2 – 5 jaar

| 2 – 2;6 | 2;6 – 3 | 3 – 3;6 | 3;6 – 4 | 4 – 5 (4;6) |
|---|---|---|---|---|
| Met opzet krassen.<br>Maakt krabbels.<br>Heeft voorkeur voor bepaalde vormen of lijnpatronen. | Plezier in motorisch bezig zijn is belangrijkste doel.<br>Herhaalt vormen en lijnpatronen.<br>Heeft besef van patronen.<br>Bewegingen worden beheerster.<br>Tekent lijnen minder door elkaar.<br>Eerste figuren worden zichtbaar.<br>Tekent een cirkel. | Toevallig realisme.<br>Ontdekt dat de tekening iets voorstelt.<br>Benoemt achteraf en verandert ook gemakkelijk de betekenis van dezelfde tekening.<br>Weinig samenhang in tekening. | Kopvoeters.<br>Heeft nog sterke neiging tot krabbels.<br>Ontdekt in krabbels een mens.<br>Vormfase.<br>Tekent doelbewust vormen en verandert tussendoor van plan. | Schematische fase.<br>Duidt met schema van kopvoeters zowel mensen als dieren aan.<br>Beschikt nog niet over vaste schema's voor mensen en dieren.<br>Beheerst de verticale dimensie.<br>Tekent meer details.<br>Tekent armen en benen nog vaak aan hoofd vast.<br>Heeft plezier in kleuren. |

## Individueel rapport van:

| | *dag/ mnd/ jaar* | *dag/ mnd/ jaar* | *dag/ mnd/ jaar* | *dag/ mnd/ jaar* | *dag/mnd/jaar* | *dag/mnd/jaar* | *dag/mnd/jaar* | *dag/mnd/jaar* |
|---|---|---|---|---|---|---|---|---|
| Ingevuld d.d.: | | | | | | | | |
| Geb. datum: | | | | | | | | |
| Basiskenmerken: (++, +-, -+, --) | | | | | | | | |
| Gemiddelde score van betrokkenheid *0-2 jr: 2 t/m 4* *2-4 jr: 1 t/m 5* | | | | | | | | |
| Risico voor ontwikkeling Baby-dreumes* | ☐ | ☐ | ☐ | ☐ | | | | |
| Risicofactoren peuters* | | | | | ☐ Impulsiviteit ☐ Passiviteit ☐ Slechte selectieve aandacht ☐ Geringe wendbaar-heid ☐ Grote ver-moeidheid | ☐ Impulsiviteit ☐ Passiviteit ☐ Slechte selectieve aandacht ☐ Geringe wendbaar-heid ☐ Grote ver-moeidheid | ☐ Impulsiviteit ☐ Passiviteit ☐ Slechte selectieve aandacht ☐ Geringe wendbaar-heid ☐ Grote ver-moeidheid | ☐ Impulsiviteit ☐ Passiviteit ☐ Slechte selectieve aandacht ☐ Geringe wendbaar-heid ☐ Grote ver-moeidheid |

** Aankruisen indien van toepassing.*

**Kalenderleeftijd**

0 0;6 1 1;6 2 2;6 3 3;6 4 4;6

**Omgaan met zichzelf**

**Omgaan met anderen**

**Zelfredzaamheid**

**Spelontwikkeling**

**Spraak-taalontwikkeling**

**Ontluikende geletterdheid**

**Cognitieve ontwikkeling**

**Ontluikende gecijferdheid**

**Grote motoriek**

**Kleine motoriek**

**Tekenontwikkeling**